REINALDO DOMINGOS

NIGO EM

O MISTÉRIO DA PRAÇA DIAMANTE

ILUSTRAÇÕES: SABRINA ERAS

PRESIDENTE
REINALDO DOMINGOS

DIRETORA PEDAGÓGICA
ANA ROSA ORELLANA VILCHES SOPRANI

EDITORA DE TEXTO E PROJETO EDITORIAL
RENATA DE SÁ

ASSISTENTE EDITORIAL
AMANDA TORRES

EDITORA DE ARTE E PROJETO GRÁFICO
CHRISTINE BAPTISTA

ROTEIRISTA
DANIELA NASCIMENTO

REDATORA
HELOÍSA JUNQUEIRA DE NORONHA

ILUSTRADORA
SABRINA ERAS

REVISORA
PATRÍCIA DOURADO

IMPRESSÃO
GRÁFICA PANCROM

DADOS INTERNACIONAIS DE CATALOGAÇÃO NA PUBLICAÇÃO (CIP)
(CÂMARA BRASILEIRA DO LIVRO, SP, BRASIL)

Domingos, Reinaldo
O mistério da praça Diamante / Reinaldo Domingos;
ilustração Sabrina Eras. -- São Paulo :
Editora DSOP, 2017.

ISBN: 978-85-8276-280-6

1. Animais - Literatura infantojuvenil
2. Literatura infantojuvenil I. Eras, Sabrina.
II. Título.

17-02321 CDD-028.5

ÍNDICES PARA CATÁLOGO SISTEMÁTICO:
1. Literatura infantil 028.5
2. Literatura infantojuvenil 028.

ESCRITA POR REINALDO DOMINGOS, PHD EM EDUCAÇÃO FINANCEIRA, ESTA HISTÓRIA CONTA, A PARTIR DO PONTO DE VISTA DE NICO, UM MENINO EMPREENDEDOR, FILHO DO MEIO DO CASAL PAULO E MARIA, QUE EXISTEM SONHOS MATERIAIS, MAS, PRINCIPALMENTE, QUE EXISTEM SONHOS NÃO MATERIAIS, AQUELES QUE NÃO PRECISAM DE DINHEIRO PARA SEREM REALIZADOS. EMBASADOS PELA **METODOLOGIA DSOP** (DIAGNOSTICAR, SONHAR, ORÇAR E POUPAR), OS PERSONAGENS PROCURAM NOS ENSINAR, DE FORMA LÚDICA, COMO ENCARAR DESAFIOS, RESOLVER CONFLITOS E REALIZAR SONHOS DE UMA MANEIRA BASTANTE ENVOLVENTE E BUSCANDO O QUE CADA MEMBRO DA FAMÍLIA TEM DE MELHOR PARA OFERECER.

A OBRA FOI DESENVOLVIDA DE MODO QUE A CRIANÇA CONTRIBUA COM A CONSTRUÇÃO DO LIVRO. POR ISSO, A TODO MOMENTO, ELA É CONVIDADA A PARTICIPAR DA HISTÓRIA, SEJA POR MEIO DE UMA REFLEXÃO SOBRE DETERMINADO ASSUNTO, SEJA AO PRECISAR COMPLETAR UM DESAFIO PARA SEGUIR ADIANTE COM A LEITURA. AS ILUSTRAÇÕES, FEITAS EM PIXEL ART, LEMBRAM AS TELAS DE UM VIDEOGAME, O QUE REFORÇA AINDA MAIS A PROPOSTA DE FAZER COM QUE A CRIANÇA AVANCE SOMENTE APÓS "PASSAR DE TELA", ISTO É, DEPOIS DE SOLUCIONAR O DESAFIO DAQUELA PÁGINA.

COMPLEMENTAR À COLEÇÃO DOS SONHOS PARA EDUCAÇÃO FINANCEIRA – O LIVRO *O MISTÉRIO DA PRAÇA DIAMANTE* FOI DESENVOLVIDO E FUNDAMENTADO NA NEUROCIÊNCIA, O QUE CONTRIBUI PARA ENSINAR O TEMA EDUCAÇÃO FINANCEIRA EM CONJUNTO COM AS DISCIPLINAS CURRICULARES. ALÉM DISSO, O MATERIAL TEM COMO PROPOSTA APROFUNDAR AS QUESTÕES JÁ TRABALHADAS NA COLEÇÃO, ALÉM DE VALORES COMO AMIZADE, AMOR AOS ANIMAIS, CUIDADO COM O MEIO AMBIENTE E RESPEITO AO PRÓXIMO. É UMA OBRA QUE SE ADEQUA AO PROJETO PEDAGÓGICO DAS INSTITUIÇÕES DE ENSINO, POSSIBILITANDO SER TRABALHADA DE FORMA INTERDISCIPLINAR.

PARA SABER MAIS, ACESSE O CANAL DINHEIRO À VISTA, NO YOUTUBE. LÁ VOCÊ ENCONTRARÁ UM CONTEÚDO EXCLUSIVO PARA O APRIMORAMENTO E REFORÇO DA EDUCAÇÃO FINANCEIRA, COM TEMAS DIVERSIFICADOS QUE AGREGAM VALOR EM RELAÇÃO AOS CONCEITOS E PRÁTICAS A SEREM IMPLEMENTADOS <HTTP://WWW.YOUTUBE.COM/DINHEIROAVISTA>.

Xeretando o novo bairro

DOMÊNICO, O NICO, E LETÍCIA, A LELÊ, SÃO IRMÃOS DE SEIS E OITO ANOS DE IDADE QUE SE MUDARAM HÁ POUCOS MESES PARA GUATINGA, UMA CIDADE MAIOR QUE LAGOA BRANCA, ONDE VIVIAM. O LUGAR ESTÁ REPLETO DE COISAS DIFERENTES QUE PODEM SER EXPLORADAS. OS IRMÃOS COSTUMAM IR CAMINHANDO PARA A ESCOLA, SEMPRE NA COMPANHIA DE UM ADULTO – SEU PAULO, O PAI, OU DONA MARIA, A MÃE, POIS MORAM BEM PERTO. JUNTOS, ELES DESENHARAM UM GRANDE MAPA DO BAIRRO E TRAÇARAM ROTAS DIFERENTES PARA CONHECÊ-LO MELHOR.

NICO E LELÊ SE SENTEM COMO DOIS PIRATAS EM UMA INCRÍVEL BUSCA POR UM TESOURO PERDIDO E SE DIVERTEM MARCANDO TUDO AQUILO QUE ENCONTRAM AO LONGO DO CAMINHO. SÓ QUE UM DIA, O IRMÃO MAIS NOVO DELES, TIAGO, DE TRÊS ANOS, RASGOU O PAPEL. SEM QUERER, O PEQUENO TITI ESTRAGOU BASTANTE O MAPA.

E AGORA? **QUE TAL AJUDAR NICO E LELÊ A MONTAREM NOVAMENTE O MAPA? VÁ ATÉ O FINAL DO LIVRO, PEGUE O MAPA E OBSERVE-O COM ATENÇÃO.**

DIAS DEPOIS, AO BUSCAREM OS FILHOS NA ESCOLA, PAULO E MARIA OUVIRAM QUE ELES QUERIAM VOLTAR PELO MESMO CAMINHO QUE FORAM PARA A ESCOLA NAQUELA MANHÃ. COMO ELES PASSARIAM NO SUPERMERCADO ANTES DE PEGAR O PEQUENO TITI NA CRECHE, ACEITARAM A SUGESTÃO. PARA A ALEGRIA DOS IRMÃOS, ELES PUDERAM ENCONTRAR NOVAMENTE O QUE HAVIAM VISTO HORAS ATRÁS. **O QUE OS IRMÃOS ACHARAM?**

NICO E LELÊ NOTARAM, TANTO NA IDA QUANTO NA VOLTA, UMA CADELINHA BRANCA BEM BONITA ANDANDO SOZINHA DE UM LADO PARA O OUTRO NA PRAÇA DIAMANTE. OS IRMÃOS LOGO PERGUNTARAM SE PODIAM FICAR COM ELA, MAS OUVIRAM UM SONORO "NÃO". EM CASA, AS CRIANÇAS INSISTIRAM DURANTE TODO O DIA, MAS A RESPOSTA SEMPRE ERA UMA SÓ: "NÃO". DORMIRAM, ACORDARAM E, QUANDO PERGUNTARAM DE NOVO, A RESPOSTA CONTINUOU A MESMA: NÃO!

DONA MARIA EXPLICOU QUE ELES JÁ TINHAM UM BICHO DE ESTIMAÇÃO, O BIRA, E ESSA NOVA CACHORRINHA PODIA PERTENCER A ALGUÉM OU TER ALGUMA DOENÇA.

– PODEMOS LEVAR ALGUMA COISA PARA ELA COMER? – NICO SUGERIU AOS PAIS, QUE ACEITARAM ACOMPANHAR OS FILHOS ATÉ A PRAÇA.

ELES COLOCARAM DOIS POTINHOS DIANTE DA CACHORRINHA, UM COM ÁGUA E OUTRO COM UM POUCO DE RAÇÃO. TAPIOCA, NOME DADO A ELA PELAS CRIANÇAS, POR CAUSA DE SEU PELO BRANCO E MACIO, PARECIA SENTIR MUITA SEDE E FOME, E ESVAZIOU OS POTINHOS COM MUITA RAPIDEZ.

NO OUTRO DIA, ANTES DA AULA, NICO E LELÊ LEVARAM MAIS RAÇÃO E ÁGUA PARA A CACHORRINHA E A VISITARAM TAMBÉM DEPOIS DA ESCOLA, SEMPRE ACOMPANHADOS PELO PAI. ELES ESTAVAM PREOCUPADOS, POIS QUERIAM QUE TAPIOCA TIVESSE UM ABRIGO. MAS O QUE FAZER, SE NÃO PODIAM LEVÁ-LA PARA CASA?

MAIS TARDE, AO TELEFONE, CONVERSANDO COM O AVÔ AMADEU – O ADULTO MAIS ESPERTO DO MUNDO, SEGUNDO NICO, E QUE MORAVA EM UMA CHÁCARA CHEIA DE BICHOS, OS NETOS FORAM ENCORAJADOS PELO AVÔ A TENTAR ENCONTRAR UM OUTRO LAR PARA O ANIMALZINHO. NICO ADOROU A IDEIA.

– AMANHÃ VAMOS PROCURAR ALGUÉM PARA ADOTAR A TAPIOCA. ALGUM VIZINHO DEVE QUERER FICAR COM ELA, DO MESMO JEITO QUE A GENTE ADOTOU O BIRA – DISSE À IRMÃ.

– ENQUANTO ISSO, VOU ESCREVER SOBRE OS ACONTECIMENTOS DE HOJE NO MEU DIÁRIO – RESPONDEU LELÊ.

COM DESENHOS DE CORAÇÕES NA CAPA E UM FECHO COM CÓDIGO SECRETO, O DIÁRIO DE LELÊ TINHA DE TUDO UM POUCO: ANOTAÇÕES SOBRE SUA ROTINA, RECORTES DE REVISTAS, ADESIVOS, UMA COLEÇÃO DE PEGADAS DE ANIMAIS, FOTOS DAS MELHORES AMIGAS, PAPÉIS DE BOMBONS, FOLHAS DE ÁRVORES E ATÉ UM ENVELOPINHO CONTENDO UM VELHO CHICLETE, QUE DIZIAM TER SIDO MASCADO POR REURY ESTILO, O ARTISTA FAVORITO DA GAROTA. NICO DESCONFIAVA QUE LOGO, LOGO, UM BICHO NOJENTO SAIRIA DALI DE DENTRO.

NA MANHÃ SEGUINTE, NICO E LELÊ PEDIRAM AO PAI QUE SAÍSSEM UM POUCO MAIS CEDO. ELES QUERIAM TIRAR UMA FOTO DA CACHORRINHA COM O CELULAR DELE E, ASSIM, PODERIAM MOSTRAR PARA OS COLEGAS NA ESCOLA. SÓ QUE, NA VOLTA PARA CASA, ALGO MUITO ESTRANHO ACONTECEU. **COMPARE A FOTO QUE ELES TIRARAM ANTES DE IR PARA A ESCOLA COM A CENA QUE ELES REGISTRARAM NA VOLTA. ESCREVA ABAIXO O QUE ESTÁ FALTANDO?**

Os desaparecimentos

PARA ESPANTO DE NICO E LELÊ, TAPIOCA TINHA SUMIDO! A GAROTA PERGUNTOU SOBRE O DESAPARECIMENTO A ALGUMAS PESSOAS DA VIZINHANÇA, MAS NINGUÉM SABIA DE NADA. DEPOIS QUE AS CRIANÇAS ALMOÇARAM E FIZERAM A LIÇÃO DE CASA, PAULO RETORNOU COM ELAS À PRAÇA DIAMANTE PARA PROCURAR A CACHORRINHA. ELES NÃO ENCONTRARAM NADA, ALÉM DAS TIGELINHAS QUE TINHAM DEIXADO COM ÁGUA E RAÇÃO.

– NÃO FIQUEM PREOCUPADOS. ELA DEVE TER VOLTADO PARA CASA PORQUE O DONO A ENCONTROU – DISSE O PAI.

AS CRIANÇAS NÃO FICARAM CONVENCIDAS, MAS NAQUELE MOMENTO NÃO HAVIA O QUE FAZER.

ALGUM TEMPO DEPOIS, DE VOLTA À ROTINA DE PERCORREREM UM CAMINHO DIFERENTE A CADA DIA, NICO E LELÊ SE DEPARARAM COM DOIS FILHOTES DE GATO NA PRAÇA DO LADO, QUE FICAVA COLADA À PRAÇA DIAMANTE. ELES FICARAM ENCANTADOS COM OS GATINHOS, TÃO PEQUENINOS E FRÁGEIS.

OS IRMÃOS SONHAVAM EM CUIDAR DE TODOS OS ANIMAIS ABANDONADOS E NÃO DEIXAR NENHUM MORAR NA RUA. MAS ELES SABIAM QUE OS PAIS JAMAIS PERMITIRIAM, NEM A CASA TINHA ESPAÇO PARA TODOS. RESTAVA TOMAR ALGUMA ATITUDE NAQUELE MOMENTO.

COMO A COMIDA DO BIRA SERVIA SÓ PARA CÃES, NICO E LELÊ DECIDIRAM USAR UMA PARTE DA MESADA DELES PARA COMPRAR UMA RAÇÃO PRÓPRIA PARA GATOS E COLOCÁ-LA NOS POTINHOS QUE HAVIAM SEPARADO PARA TAPIOCA SEMANAS ATRÁS. **RECORTE OS CUIDADOS QUE NICO E LELÊ PODEM OFERECER AOS GATINHOS E COLE NO ESPAÇO INDICADO. AS IMAGENS ESTÃO NA PÁGINA 55.**

CUIDADOSOS, ARRUMARAM UMA CAIXA DE PAPELÃO PARA OS GATOS DORMIREM E NÃO SENTIREM FRIO.

– SERÁ QUE VAI CHOVER? – PERGUNTOU NICO, QUE CONTINUAVA PREOCUPADO COM A FALTA DE ABRIGO. – JÁ SEI! E SE A GENTE CONSTRUÍSSE UMA CASINHA NO MEIO DAS ÁRVORES PARA ELES?

OS DOIS, ENTÃO, COMEÇARAM A PENSAR COMO PODERIAM JUNTAR PEDAÇOS DE MADEIRA. LELÊ, SEMPRE FALANTE E DESINIBIDA, PERGUNTOU AO PAI SE PODIA PEDIR AJUDA AOS VIZINHOS. O PAI ACEITOU, DESDE QUE ELE ESTIVESSE POR PERTO. NICO, MAIS TÍMIDO, FICAVA FELIZ QUANDO CONSEGUIAM ALGUM MATERIAL BOM PARA A CONSTRUÇÃO.

COM O AUXÍLIO DOS PAIS, ELES MONTARAM UMA CASINHA DE MADEIRA. PORÉM, QUANDO FORAM LEVÁ-LA PARA OS GATINHOS, SOFRERAM OUTRA DECEPÇÃO: OS ANIMAIZINHOS TAMBÉM HAVIAM SUMIDO! MARIA SUGERIU QUE, APESAR DE SEREM FILHOTES, PROVAVELMENTE, ELES DEVIAM TER IDO EMBORA. MAS NICO OBSERVOU ALGO ESTRANHO. **O QUE ELE NOTOU? COMPARE ESTA IMAGEM COM A IMAGEM DA PÁGINA 13 E DESCUBRA.**

MESMO QUE AS CRIANÇAS TIVESSEM CERTEZA, PAULO E MARIA AINDA NÃO SE CONVENCERAM DE QUE ALGUÉM REALMENTE ESTAVA RAPTANDO OS ANIMAIS. ISSO SÓ MUDOU QUANDO, NA SEMANA SEGUINTE, SOUBERAM QUE UMA VIZINHA ESTAVA DESESPERADA.

DONA MATILDA CONTOU A LELÊ QUE DEIXAVA SEU CACHORRO, BRIGADEIRO, PASSEAR SOZINHO NA RUA. PELUDO E MARROM, O CÃOZINHO ERA TAMBÉM MUITO ESPERTO E SEMPRE VOLTAVA PARA CASA NA HORA DO ALMOÇO.

MAS, NAQUELE DIA, ELE AINDA NÃO HAVIA RETORNADO. ALGUMAS PESSOAS COMENTARAM QUE O BICHINHO VOLTARIA EM BREVE, E NICO TENTAVA IMAGINAR BRIGADEIRO EM ALGUMA AVENTURA PELO BAIRRO, SÓ QUE AS HORAS PASSARAM E NADA DO ANIMALZINHO APARECER.

CERTA MANHÃ, OS VIZINHOS ORGANIZARAM UM PEQUENO GRUPO PARA PROCURAR O CACHORRO SUMIDO. LELÊ E NICO TAMBÉM FORAM COM A MÃE, DONA MARIA, MAS, INFELIZMENTE, NINGUÉM O ACHOU. O GRUPO ESPALHOU CARTAZES COM A FOTO DO ANIMAL SUMIDO POR TODO O BAIRRO.

ANDRÉ, VIZINHO E COLEGA DE ESCOLA DE NICO, LEVANTOU UMA POSSIBILIDADE TERRÍVEL:

– SERÁ QUE ALGUÉM ESTÁ ROUBANDO OS ANIMAIS PARA FAZER SABÃO OU SALSICHA?

É QUE O VIZINHO DE NICO TINHA UMA GRANDE IMAGINAÇÃO E SEMPRE PENSAVA EM COISAS BASTANTE DIFÍCEIS E, ATÉ MESMO, QUASE IMPOSSÍVEIS DE ACONTECER.

– COMO ASSIM? – PERGUNTARAM LELÊ E NICO, ASSUSTADOS.

ANDRÉ CONTOU QUE, CERTA VEZ, OUVIU OS TIOS COMENTANDO QUE PESSOAS USAVAM ANIMAIS PARA PRODUZIR SABÃO. OS IRMÃOS FICARAM CHOCADOS E, NO FUNDO DO CORAÇÃO, TORCERAM PARA QUE TAPIOCA, BRIGADEIRO E OS FILHOTES DE GATOS – BISCOITO E BOLACHA – NÃO TIVESSEM UM FIM TÃO TENEBROSO.

QUANDO CHEGARAM EM CASA, NICO E LELÊ INSISTIRAM PARA QUE OS PAIS TELEFONASSEM PARA O AVÔ EM LAGOA BRANCA. ELE SEMPRE SABIA DE TUDO E DEVIA TER ALGUMA OPINIÃO SOBRE OS ACONTECIMENTOS.

HAVIA ALGUNS DIAS QUE OS TELEFONES DA CASA DE NICO NÃO FUNCIONAVAM BEM E NAQUELE DIA ESTAVA PIOR. A LIGAÇÃO CAIU ANTES QUE AMADEU TERMINASSE DE FALAR. OS DOIS SÓ CONSEGUIRAM OUVIR UMA PARTE DO QUE ELE DISSE E, MESMO ASSIM, DE MANEIRA BASTANTE CONFUSA.

AJUDE NICO E LELÊ A DECIFRAREM A MENSAGEM QUE O VÔ AMADEU DISSE AO TELEFONE. PARA ISSO, TROQUE OS SÍMBOLOS PELAS VOGAIS, CONFORME A TABELA A SEGUIR. DEPOIS, ESCREVA NO ESPAÇO ABAIXO O QUE DESCOBRIU.

V<C*S D#V#M
%J+D%R <S %N?M%?S

TABELINHA

% = A	# = E	* = Ê
? = I	< = O	+ = U

Procurando pistas

É ISSO, O AVÔ AMADEU TEM RAZÃO! NICO E LELÊ PRECISAVAM FAZER ALGUMA COISA PARA AJUDAR TANTO OS ANIMAIS DESAPARECIDOS QUANTO AQUELES QUE VIVEM NAS RUAS. NO QUARTO, ANTES DE DORMIR, OS IRMÃOS CONVERSARAM BASTANTE E TOMARAM ALGUMAS DECISÕES.

– TEMOS QUE DEIXAR A CASINHA DE MADEIRA NA PRAÇA DIAMANTE. SE ALGUM ANIMALZINHO SEM CASA APARECER, PODE DORMIR NELA – FALOU NICO.

– PRECISAMOS DESCOBRIR ONDE FORAM PARAR OS ANIMAIS QUE CUIDAMOS. POR QUE ESTÃO SUMINDO? TEMOS QUE INVESTIGAR – CONCLUIU LELÊ.

OBSERVE COM ATENÇÃO O MAPA QUE VOCÊ PEGOU NO INÍCIO DA HISTÓRIA. DEPOIS, RECORTE DA PÁGINA 57, NO FINAL DO LIVRO, AS FIGURAS DOS LOCAIS QUE VOCÊ ACHA QUE NICO E LELÊ PODERIAM INVESTIGAR. EM SEGUIDA, COLE AS IMAGENS ABAIXO.

MAS COMO ELES FARIAM PARA DESCOBRIR QUALQUER COISA SE NÃO PODIAM SAIR DE CASA SEM OS PAIS? OS DOIS COMBINARAM QUE TODA VEZ QUE OS PAIS SAÍSSEM PARA FAZER QUALQUER COISA FORA DE CASA, DESDE IR AO SUPERMERCADO, À FARMÁCIA, ATÉ BUSCAR O TITI NA ESCOLA, PELO MENOS UM DELES DEVERIA IR JUNTO. ELES SONHAVAM ENCONTRAR OS ANIMAIS E DESCOBRIR QUEM ESTAVA POR TRÁS DO SUMIÇO DOS BICHINHOS.

NA ESCOLA, ANDRÉ PERGUNTOU PARA NICO SE ELES TINHAM ACHADO O CACHORRINHO DA DONA MATILDA OU OS OUTROS ANIMAIS. DIANTE DA RESPOSTA NEGATIVA, ELE SE OFERECEU PARA AJUDAR O AMIGO E A IRMÃ DELE NA BUSCA. NICO FICOU MUITO FELIZ. OS COLEGAS COMBINARAM DE PEDIR AOS PAIS PARA SE ENCONTRAREM DEPOIS DAS AULAS. ASSIM, TERIAM UM MOTIVO PARA SAIR DE CASA E PROCURAR PISTAS.

ALGUM TEMPO DEPOIS, NICO E LELÊ ENCONTRARAM ANDRÉ FANTASIADO DE CACHORRO NA PRAÇA AO LADO. ANTES QUE OS DOIS COMEÇASSEM A RIR, ANDRÉ EXPLICOU SEU PLANO: ELE FICARIA ESCONDIDO ATRÁS DE UMA MOITA E LATIRIA ATÉ ATRAIR A ATENÇÃO DO LADRÃO DE ANIMAIS. EMPOLGADOS, NICO E LELÊ DECIDEM ACOMPANHAR OS LATIDOS DE ANDRÉ. ASSIM QUE SOLTARAM O PRIMEIRO "AUUUUU!", A MOITA SE MEXEU.

OS TRÊS FICARAM À ESPERA DO LADRÃO, MAS QUEM SURGIU ENTRE AS FOLHAS FOI UM CACHORRINHO MARROM CLARO. ALIÁS, CACHORRINHO, NÃO: UM BAITA CACHORRÃO! MAS, APESAR DO PORTE, O CÃO, QUE PARECIA ABANDONADO, ERA MUITO BONZINHO E BRINCALHÃO. OS IRMÃOS DERAM AO ANIMAL O NOME DE CARAMELO. NICO, ANDRÉ E LELÊ PEGARAM A CASINHA DE MADEIRA QUE HAVIAM GUARDADO E A COLOCARAM ALI MESMO NA PRAÇA AO LADO. TAMBÉM ARRUMARAM POTINHOS NOVOS E LEVARAM O CARAMELO PARA A CASINHA.

A TURMA SE REVEZAVA PARA CUIDAR DELE. NA SEMANA SEGUINTE, ANDRÉ ENCONTROU UMA OUTRA CACHORRINHA. ELA FOI BATIZADA DE PANQUECA E TAMBÉM FOI LEVADA PARA A CASINHA IMPROVISADA.

OS GAROTOS SONHAVAM EM MONTAR UM CANIL NA PRAÇA, POUPANDO UM POUCO DO DINHEIRO QUE GANHAVAM PARA COMPRAR MATERIAL DE CONSTRUÇÃO DE VERDADE. SE CHOVESSE FORTE, A CASINHA IMPROVISADA NÃO IRIA AGUENTAR. ALGUNS DIAS DEPOIS, A MÃE DE ANDRÉ, DONA CARLA, ACOMPANHOU O FILHO, NICO E LELÊ ATÉ A PRACINHA PARA CUIDAREM DOS CACHORROS. QUANDO CHEGARAM, QUE DECEPÇÃO... ELES SUMIRAM DE NOVO. E, DESSA VEZ, LEVARAM A CASINHA TAMBÉM.

ATÉ CARLA FOI OBRIGADA A CONCORDAR COM AS CRIANÇAS: DEFINITIVAMENTE, ALGO ESTRANHO ESTAVA ACONTECENDO. ELES PROCURARAM PELOS BICHOS POR TODA A PRAÇA E NAS RUAS AO REDOR. NADA. ATÉ QUE UM VIZINHO, SEU RAUL, CONTOU QUE HAVIA VISTO UMA MORADORA DO BAIRRO DERRUBANDO A CASINHA. MAS QUAL MORADORA? ELE NÃO SABIA O NOME, APENAS DISSE QUE ERA AQUELA QUE TINHA MANIA DE LIMPEZA. E EXPLICOU O CAMINHO PARA CHEGAR ONDE ELA MORAVA: SAIA DA PRAÇA AO LADO PELA RUA LÍRIO, VIRE À ESQUERDA NA ALAMEDA DAS MARGARIDAS E VIRE À DIREITA NA RUA DAS VIOLETAS E VOCÊS CHEGARÃO AO LOCAL. ELA MORA NUMA CASA AMARELA, COM MUITAS JANELAS ROXAS E VASOS DE VIOLETA NA ENTRADA. **VÁ AO MAPA E IDENTIFIQUE CIRCULANDO A CASA DA SUSPEITA!**

Os suspeitos

ANDRÉ TOCOU A CAMPAINHA E ESPEROU AO LADO DE DONA CARLA, NICO E LELÊ. UMA MULHER MUITO ALTA E MAGRA SURGIU AO PORTÃO.

– BOA TARDE! ESTAMOS PROCURANDO POR ALGUNS ANIMAIS QUE ESTAVAM NA PRAÇA DIAMANTE E NA PRAÇA AO LADO. A SENHORA, POR ACASO, SABE DE ALGUMA COISA? – PERGUNTOU CARLA.

– NÃO, E NEM QUERO SABER – RESPONDEU A MULHER. – ALIÁS, OBRIGADA POR ME CONTAREM QUE ESSES BICHOS SUJOS SUMIRAM! ASSIM, NÃO SURGEM OUTROS ANIMAIS PELO BAIRRO E FICAMOS LIVRES DE DOENÇAS! GOSTO DE TUDO MUUUITO LIMPINHO POR AQUI, VIU?!

NICO, NERVOSO, NÃO SE AGUENTOU E PERGUNTOU IRRITADO O QUE ELA HAVIA FEITO COM OS CACHORRINHOS, MAS A MORADORA AFIRMOU QUE NÃO SABIA DE NADA.

– MAS VIRAM A SENHORA DESMONTANDO A CASINHA DE MADEIRA – ACUSOU LELÊ.

– SIM, EU REALMENTE DESMONTEI AQUELE TRAMBOLHO, MAS NÃO VI CACHORRO NENHUM. A PRAÇA NÃO É LUGAR DE ABRIGO DE ANIMAIS. NOSSO BAIRRO NÃO PRECISA DE UM CANIL IMPROVISADO. JÁ NÃO BASTA AQUELA CASA COM UMA COLEÇÃO DE BICHOS! – DISPAROU, FECHANDO O PORTÃO NA CARA DOS QUATRO.

NICO E LELÊ SE ENTREOLHARAM E PERGUNTARAM AO MESMO TEMPO: QUE CASA COM UMA COLEÇÃO DE BICHOS? ANDRÉ SE LEMBROU DE DOIS LUGARES QUE SE ENCAIXAVAM NA DESCRIÇÃO: A CASA AZUL PERTO DA ESCOLA DELES E A CASA LARANJA AO LADO DO RESTAURANTE. OS TRÊS QUERIAM IR NAQUELE INSTANTE, MAS A MÃE DE ANDRÉ TINHA OUTRO COMPROMISSO E PROMETEU LEVÁ-LOS DEPOIS.

NICO E LELÊ CHEGARAM EUFÓRICOS EM CASA. ELES IMPLORARAM AO PAI QUE OS LEVASSE NOS LOCAIS APONTADOS POR ANDRÉ, MAS PAULO PRECISAVA BUSCAR TITI NA ESCOLA. ELES PEDIRAM PARA IR JUNTO.

A PARTIR DA CASA DO NICO, QUE FICA NA AVENIDA CAMÉLIA COM A AVENIDA GIRASSOL, QUAL TRAJETO OS IRMÃOS DEVEM FAZER PARA PASSAR EM FRENTE À CASA AZUL? E EM FRENTE À CASA LARANJA? LEMBRE-SE QUE PAULO PRECISA PEGAR TITI NA ESCOLA, QUE FICA AO LADO DO SUPERMERCADO. ESCOLHA UMA DAS OPÇÕES E DESENHE ABAIXO UMA ROTA PARA CHEGAR ATÉ LÁ. NÃO SE ESQUEÇA DE USAR AS FAIXAS DE PEDESTRE.

AO PASSAREM DIANTE DA CASA LARANJA, NICO NOTOU NUM CANTO A TIGELINHA QUE ELES HAVIAM COLOCADO PARA OS GATINHOS BOLACHA E BISCOITO. COMO JÁ ESTAVAM ATRASADOS PARA BUSCAR TITI, NÃO PUDERAM PARAR, MAS NA VOLTA TOCARAM A CAMPAINHA. NÃO DEMOROU MUITO PARA SEU GUILHERME, UM SENHOR MEIO CARECA E BARRIGUDINHO, APARECER NA PORTA COM ALGUNS CACHORROS E GATOS.

MAL O HOMEM ABRIU A PORTA, NICO E LELÊ DISPARARAM PARA DENTRO DA CASA DELE. LELÊ IMEDIATAMENTE REPAROU NAS PEGADAS DE GATOS NA AREIA DO QUINTAL. OS DOIS, ENTÃO, COMEÇARAM A CHAMAR POR BISCOITO E BOLACHA, E TAMBÉM POR CARAMELO, PANQUECA, TAPIOCA E BRIGADEIRO.

OS DOIS PROCURARAM NA CASA INTEIRA, MAS NÃO ENCONTRARAM NADA.

–TENHO MUITOS CACHORROS E GATOS, MAS JAMAIS PEGARIA O ANIMAL DE OUTRA PESSOA – EXPLICOU GUILHERME, TENTANDO LIMPAR ALGUNS FARELOS DE RAÇÃO DA CAMISA.

MORTO DE VERGONHA COM A ATITUDE INTROMETIDA DOS FILHOS, PAULO MANDOU QUE PEDISSEM DESCULPAS E OS LEVOU EMBORA. EM CASA, RELATOU À ESPOSA O COMPORTAMENTO DAS CRIANÇAS.

– O QUE VOCÊS FIZERAM FOI MUITO FEIO. NUNCA SE DEVE ACUSAR NINGUÉM SEM TER PROVAS – ORIENTOU A MÃE.

QUANDO O AVÔ AMADEU LIGOU PARA SABER NOTÍCIAS DA FAMÍLIA, NICO CONTOU, TRISTE, A CONFUSÃO QUE ARMOU COM O VIZINHO.

– NÃO CONSEGUI ATENDER O SEU PEDIDO, VOVÔ. NÃO PUDE AJUDAR OS ANIMAIS.

– MEU QUERIDO NETO, VOCÊ E A LELÊ ENTENDERAM ERRADO – DISSE AMADEU.

E CONTINUOU:

– A LIGAÇÃO ESTAVA RUIM NAQUELE DIA E ACHO QUE VOCÊ NÃO OUVIU QUANDO EU SUGERI QUE BUSCASSEM AJUDA NA PREFEITURA OU EM ALGUMA ORGANIZAÇÃO DO BAIRRO. NÃO ERA PARA VOCÊS MESMOS IREM ATRÁS DE QUEM ESTAVA PEGANDO OS ANIMAIS, MESMO PORQUE NEM SEMPRE AS COISAS SÃO O QUE PARECEM SER.

NICO FOI DORMIR CHATEADO PELO TUMULTO QUE CAUSOU. NA CAMA, DEBAIXO DAS COBERTAS, NÃO PAROU DE PENSAR NAS PALAVRAS DO AVÔ: NEM SEMPRE AS COISAS SÃO O QUE PARECEM. QUANDO FINALMENTE PEGOU NO SONO, SONHOU COM VÁRIOS ANIMAIS.

LIGUE AS ILUSTRAÇÕES DOS ANIMAIS QUE NICO SONHOU COM AS RESPECTIVAS SOMBRAS.

Na pista certa

DEPOIS DE TODA CONFUSÃO COM O SEU GUILHERME, NICO E LELÊ ACHARAM MELHOR DEIXAR A HISTÓRIA DOS ANIMAIS PARA TRÁS. DONA MATILDA, PORÉM, CONTINUAVA TRISTE E COM SAUDADE DO SEU QUERIDO BRIGADEIRO.

ALGUMAS SEMANAS APÓS O INCIDENTE, UM CACHORRINHO DO OUTRO LADO DA RUA PARECIA ABANDONADO E CHAMOU A ATENÇÃO DE NICO, QUE PASSEAVA NA COMPANHIA DE SEUS PAIS. ELE QUIS IR ATÉ LÁ, MAS PAULO NÃO DEIXOU. ENQUANTO CAMINHAVAM PARA CASA, NICO CONTINUAVA A ANDAR OLHANDO PARA TRÁS, QUANDO, DE REPENTE, VIU UM CARRO ROXO PARAR BEM PERTO DO CÃOZINHO.

UMA PESSOA ABRIU A PORTA DE TRÁS DO CARRO, PEGOU O CACHORRO E FOI EMBORA. APESAR DE NÃO TER CONSEGUIDO VER O ROSTO DA PESSOA, NICO TENTOU MOSTRAR O CARRO, MAS JÁ ERA TARDE DEMAIS: O AUTOMÓVEL HAVIA DOBRADO A ESQUINA.

AO CHEGAR EM CASA, NICO LIGOU PARA O ANDRÉ E CONTOU O QUE VIU. O AMIGO LEVANTOU A SUSPEITA DE QUE A MULHER DA CASA AMARELA, A DONA CÂNDIDA, PODERIA ESTAR DIRIGINDO O CARRO, JÁ QUE A CASA DELA TAMBÉM TINHA VÁRIOS DETALHES EM ROXO E ELA USAVA UM LENÇO DA MESMA COR NO PESCOÇO. SERÁ?

DIAS DEPOIS, NA ESCOLA, FOI A VEZ DE ANDRÉ CONTAR AOS AMIGOS QUE VIU UM CARRO ROXO PEGANDO UM GATINHO NA RUA.

– NÃO DEU TEMPO DE SABER PARA ONDE O CARRO FOI NEM DE LER O QUE ESTAVA ESCRITO NELE, MAS TENHO CERTEZA DE QUE VI UMA PATA DESENHADA NO CARRO – EXPLICOU.

A CABEÇA DOS TRÊS FERVILHAVA DE PERGUNTAS. QUEM ESTAVA PEGANDO OS ANIMAIS? POR QUE O CARRO TINHA O DESENHO DE UMA PATA? OS PENSAMENTOS VOAVAM LONGE... E SE A MULHER DO LENÇO ROXO FOSSE UMA CIENTISTA MALVADA? E SE FABRICAVA SABÃO OU SALSICHA COM OS BICHINHOS? OU, PIOR, USAVA OS ANIMAIS PARA ALIMENTAR PATAS? QUE TERRÍVEL!

NICO, LELÊ E ANDRÉ PASSAVAM OS INTERVALOS NA ESCOLA CONVERSANDO E ESPECULANDO SOBRE O ASSUNTO. JÁ OS PAIS NÃO QUERIAM OUVIR MAIS NADA A RESPEITO, MESMO COM O MEDO DAS CRIANÇAS DE O BIRA SUMIR TAMBÉM.

O DESTINO DO TRIO COMEÇOU A MUDAR QUANDO A MÃE DE ANDRÉ FOI BUSCAR AS CRIANÇAS NA ESCOLA E ANTES DE DEIXÁ-LAS EM CASA, PRECISOU PASSAR NOS CORREIOS. **CHEGANDO AOS CORREIOS, OS AMIGOS NOTARAM ALGO CURIOSO. O QUE OS TRÊS VIRAM? CIRCULE NA IMAGEM O QUE AS CRIANÇAS ENCONTRARAM.**

O misterioso carro roxo

NICO, LELÊ E ANDRÉ MAL PODIAM ACREDITAR NO QUE VIAM! ELES TINHAM ENCONTRADO O CARRO ROXO! EUFÓRICOS, TODOS FALAVAM AO MESMO TEMPO. A CASA ROXA SÓ PODIA SER O ESCONDERIJO ONDE A MULHER DO LENÇO ROXO MANTINHA OS ANIMAIS PRESOS. CARLA, DEPOIS DE OUVIR AS EXPLICAÇÕES DA CRIANÇADA, AVISOU QUE NÃO QUERIA ABORDAR A PESSOA SOZINHA. LELÊ SE LEMBROU DA BRONCA QUE LEVARAM POR SUSPEITAR DO VIZINHO COM VÁRIOS ANIMAIS E SUGERIU A NICO CONVERSAR COM OS PAIS DELES PRIMEIRO. DE LONGE, A MÃE DE ANDRÉ TIROU COM O CELULAR UMA FOTO DO CARRO ROXO ESTACIONADO EM FRENTE À CASA DE MESMA COR.

AO LEVAR NICO E LELÊ ATÉ EM CASA, CARLA MOSTROU A FOTO A PAULO E MARIA.

– SERÁ QUE DEVEMOS FAZER ALGUMA COISA? DE FATO, ESSA HISTÓRIA PARECE MUITO ESQUISITA – COMENTOU COM O PAI DAS CRIANÇAS, QUE INSISTIAM EM BATER NA PORTA DA CASA ROXA O QUANTO ANTES.

– TALVEZ SEJA MELHOR CHAMAR UM POLICIAL PARA IR JUNTO – SUGERIU LELÊ.

– NÃO. PRIMEIRO VAMOS ATÉ LÁ CONVERSAR E DESCOBRIR O QUE ESTÁ ACONTECENDO E SE HÁ MESMO ALGO DE ERRADO – AFIRMOU MARIA, QUE TAMBÉM PARTICIPAVA ATENTA À DISCUSSÃO.

OLHE NO MAPA E AJUDE A IDENTIFICAR A CASA ROXA. DEPOIS, DECIDA QUAL O MELHOR CAMINHO PARA ELES FAZEREM ATÉ O LOCAL PARTINDO DA CASA DE NICO. NÃO SE ESQUEÇA DE USAR AS FAIXAS DE PEDESTRE.

Nem sempre as coisas são o que parecem ser

AO CHEGAREM EM FRENTE À CASA ROXA, MARIA, PAULO E CARLA VIRAM UMA PLACA E ENTENDERAM O QUE ESTAVA ACONTECENDO. ANDRÉ E NICO QUERIAM SABER O QUE SIGNIFICAVA ONG, ENQUANTO LELÊ COMPARAVA ALGUMAS PEGADAS DE PATINHAS NO SEU DIÁRIO COM AS DO QUINTAL. **VOCÊ IMAGINA DE QUEM SÃO ESSAS PEGADAS? LIGUE OS DESENHOS DAS PATINHAS QUE ESTÃO NO DIÁRIO DA LELÊ COM AS PEGADAS DOS ANIMAIS CORRESPONDENTES.**

Brigadeiro
Biscoito
Caramelo

PAULO TOCOU A CAMPAINHA, E UMA MOÇA ALTA E SORRIDENTE ABRIU A PORTA. AS CRIANÇAS FICARAM SURPRESAS: ELA, CLARO, NÃO ERA A MULHER DO LENÇO ROXO. NICO, VERMELHO DE VERGONHA, COMEÇOU UM INTERROGATÓRIO SOBRE CARAMELO, TAPIOCA E BRIGADEIRO. E ANDRÉ FOI PERGUNTANDO SOBRE BISCOITO E BOLACHA. COMO A MOÇA NÃO ENTENDEU NADINHA, PAULO EXPLICOU QUE AS CRIANÇAS ESTAVAM CUIDANDO DE ALGUNS ANIMAIS QUE SUMIRAM. E QUE, PROVAVELMENTE, ELA SABIA ONDE ELES ESTAVAM.

– AH, ENTENDI. BOM, MEU NOME É JOANA E SOU UMA DAS CRIADORAS DA ONG PATA AMIGA.

CONFUSOS, NICO, LELÊ E ANDRÉ ENTRARAM NO LOCAL. NÃO DEMOROU MUITO PARA QUE OS AMIGOS DESSEM DE CARA COM CARAMELO, TAPIOCA, PANQUECA, BRIGADEIRO E OS GATINHOS. QUE ALEGRIA! OS TRÊS FICARAM MUITO FELIZES AO REENCONTRAR OS ANIMAIS. E ANTES QUE ACUSASSEM JOANA PELO SUMIÇO, CARLA PEDIU QUE OUVISSEM A MOÇA. **ENCONTRE, E PINTE, ENTRE OS ANIMAIS DA ONG, OS BICHINHOS QUE OS NOSSOS AMIGOS AJUDARAM DURANTE A HISTÓRIA.**

– MEU IRMÃO E EU MONTAMOS A ONG PATA AMIGA PARA AJUDAR OS ANIMAIS. VOCÊS SABEM O QUE É UMA ONG? – PERGUNTOU.

AS CRIANÇAS NÃO SABIAM, ENTÃO JOANA CONTINUOU:

– A SIGLA SIGNIFICA ORGANIZAÇÃO NÃO GOVERNAMENTAL. TRABALHAMOS POR CONTA PRÓPRIA PARA AJUDAR ANIMAIS DE RUA, SEM RECEBER AJUDA FINANCEIRA DO GOVERNO OU GANHAR ALGUM DINHEIRO PARA ISSO. NÓS RECOLHEMOS OS BICHOS QUE NÃO TÊM CASA E PROCURAMOS FAMÍLIAS QUE QUEIRAM FICAR COM ELES. É PERIGOSO FICAREM SOLTOS E SEM CUIDADOS.

– AH, VOCÊS AJUDAM OS ANIMAIS EM VEZ DE ROUBÁ-LOS PARA FAZER SABÃO? – QUIS SABER ANDRÉ.

JOANA RIU E CONCORDOU. LELÊ EXPLICOU À MOÇA QUE ELES FICARAM ASSUSTADOS QUANDO OS BICHOS QUE CUIDAVAM COMEÇARAM A DESAPARECER.

– UMA COISA ESTÁ MAL EXPLICADA – FALOU NICO. – E BRIGADEIRO? ELE JÁ TEM UMA CASA, A DA DONA MATILDA. POR QUE VOCÊS O PEGARAM?

JOANA NÃO SABIA DE QUAL ANIMAL ELE ESTAVA FALANDO. NICO CHAMOU O CACHORRO, QUE ATENDEU PRONTAMENTE. A MOÇA EXPLICOU QUE ENCONTROU O CACHORRINHO VAGANDO SEM COLEIRA E ACHOU QUE NÃO TIVESSE LAR, POR ISSO O RESGATOU. CARLA CONTOU QUE A DONA ESTAVA DESESPERADA ATRÁS DE BRIGADEIRO. JOANA PEDIU DESCULPAS E FALOU QUE ELES PODERIAM LEVAR O CACHORRO DE VOLTA.

COM O MISTÉRIO RESOLVIDO, AS CRIANÇAS AGORA TINHAM UMA MISSÃO URGENTE: DEVOLVER BRIGADEIRO. **PARA AJUDÁ-LOS, RESOLVA O ENIGMA E ENCONTRE NO MAPA A CASA DE MATILDA. A CASA DELA FICA PRÓXIMA À PRAÇA DIAMANTE. NÃO É A CASA LARANJA E NEM FICA PERTO DA CASA DO ANDRÉ, QUE MORA PERTO DA SORVETERIA. ELA NÃO MORA NA RUA JASMIM, E MORA BEM PRÓXIMO DA CASA DO NICO.**

Mãos à obra!

AS CRIANÇAS SE DESPEDIRAM DE JOANA E FORAM DIRETO À CASA DE MATILDA COM BRIGADEIRO, QUE FICOU EMOCIONADA AO REENCONTRAR SEU QUERIDO CÃOZINHO. AS CRIANÇAS CONTARAM SOBRE A ONG PATA AMIGA, E LELÊ PERCEBEU QUE TODO O PROBLEMA ACONTECEU PORQUE NINGUÉM SABIA QUE A ONG EXISTIA. COMO PROCURAR UM CACHORRO PERDIDO EM UM LUGAR QUE NEM CONHECIAM?

– É VERDADE. SERIA TÃO BOM SE TODO MUNDO CONHECESSE A ONG, NÉ? MAIS ANIMAIS SERIAM RECOLHIDOS E PODERIAM RECEBER AJUDA – CONCORDOU NICO, QUE NÃO PARAVA DE PENSAR EM MANEIRAS DE AJUDAR JOANA EM SEU TRABALHO.

NO DOMINGO, MARIA LEVOU NICO E LELÊ À ONG PATA AMIGA. A PROPRIETÁRIA EXPLICOU QUE ELES PRECISAVAM DE DOAÇÕES, MAS NÃO APENAS DE DINHEIRO OU MANTIMENTOS PARA OS ANIMAIS, MAS TAMBÉM DE DOAÇÃO DE TEMPO.

– OUTRAS PESSOAS PODEM VIR AQUI CUIDAR DELES, DA MESMA MANEIRA QUE VOCÊS ESTÃO FAZENDO. MAS COMO AINDA SÃO PEQUENOS, PODEM SE ENCARREGAR DE TAREFAS SIMPLES, COMO AJUDAR A COLOCAR RAÇÃO NOS POTINHOS, SEPARAR, DOBRAR E COLOCAR OS JORNAIS NO CHÃO PARA OS ANIMAIS FAZEREM SUAS NECESSIDADES BÁSICAS. E TAMBÉM BRINCAR COM OS ANIMAIS. **E VOCÊ, COMO PODERIA AJUDAR UMA ONG DE ANIMAIS? RECORTE AS FIGURAS DA PÁGINA 55 E COLE APENAS AS TAREFAS QUE GOSTARIA DE FAZER NA ILUSTRAÇÃO.**

NICO E LELÊ ADORARAM A PROPOSTA DE JOANA, MAS QUERIAM QUE OUTRAS PESSOAS CONHECESSEM A ONG PATA AMIGA PARA AJUDÁ-LA OU TAMBÉM PARA ADOTAR OS ANIMAIS SEM UM LAR. MARIA, QUE TRABALHAVA COMO VENDEDORA E SABIA TODOS OS SEGREDOS PARA LIDAR BEM COM DINHEIRO, DEU UM BOM CONSELHO: FAZER PARCERIAS COM OUTROS LOCAIS.

– UMA OPÇÃO SERIA O PET SHOP DO BAIRRO. A JOANA PODERIA DIVULGAR A LOJA EM TROCA DE DESCONTO NA COMPRA DE ALIMENTOS E MATERIAIS PARA OS ANIMAIS – DISSE MARIA.

JÁ AS CRIANÇAS FIZERAM CARTAZES QUE CONTAVAM SOBRE O TRABALHO DA ONG PATA AMIGA PARA TODO MUNDO. AFINAL, ELES NÃO QUERIAM QUE MAIS GENTE CONFUNDISSE JOANA E SEU IRMÃO COM SEQUESTRADORES DE ANIMAIS. **AJUDE TAMBÉM A PATA AMIGA MONTANDO UM CARTAZ SOBRE O TRABALHO DA ORGANIZAÇÃO NO ESPAÇO EM BRANCO. RECORTE E COLE AS IMAGENS DA PÁGINA 59 E USE SUA CRIATIVIDADE PARA DIVULGAR A ONG.**

COM A AJUDA DOS PAIS, NICO, LELÊ E ANDRÉ CONVERSARAM COM A COORDENADORA DA ESCOLA E ORGANIZARAM UMA FEIRA DE ADOÇÃO NO PÁTIO. DURANTE O EVENTO, ACONTECEU UMA COISA MUITO ENGRAÇADA: UMA DAS CACHORRINHAS CONSEGUIU ESCAPAR, FUGIU PARA A RUA E PULOU JUSTAMENTE EM CIMA DA MULHER DE LENÇO ROXO, QUE PASSEAVA CALMAMENTE PELA CALÇADA. AS CRIANÇAS CORRERAM PARA SALVAR A CADELINHA DAS GARRAS DELA, MAS NÃO PRECISARAM FAZER NADA PORQUE NOTARAM O COMEÇO DE UMA BELA AMIZADE.

– OLÁ, CRIANÇAS, MEU NOME É CÂNDIDA. EU NÃO GOSTO MUITO DE BICHOS, MAS ESSA CACHORRINHA TEM O PELO RUIVO MAIS LINDO E FELPUDO QUE EU JÁ VI! ELA É DE ALGUÉM? – PERGUNTOU AOS TRÊS.

AS CRIANÇAS MAL RECONHECERAM A MULHER RANZINZA DO OUTRO DIA E VIRAM O ROSTO DELA SE ILUMINAR AINDA MAIS QUANDO ELES RESPONDERAM QUE NÃO.

– ENTÃO, QUERO FICAR COM ELA! O QUE VOCÊS ACHAM DO NOME FLANELA? – PERGUNTOU AOS GAROTOS, BASTANTE EMPOLGADA. – ACHO QUE ELA SERÁ UMA ÓTIMA COMPANHIA – DISSE A MULHER, TIRANDO UM LENÇO ROXO DO BOLSO E COLOCANDO NA CACHORRINHA PARA QUE AS DUAS FICASSEM IGUALMENTE ENFEITADAS.

A FEIRA DE ADOÇÃO DUROU A TARDE TODA E FOI UM SUCESSO! VÁRIOS ANIMAIS ENCONTRARAM UM LAR, ALUNOS E RESPONSÁVEIS FIZERAM DOAÇÕES, E MAIS PESSOAS PUDERAM CONHECER A ONG PATA AMIGA, QUE CONSEGUIU NOVOS VOLUNTÁRIOS. OUTRA BOA NOTÍCIA: ENQUANTO OS BICHINHOS ESTIVESSEM NA ONG, NICO, LELÊ E ANDRÉ PODERIAM VISITÁ-LOS SEMPRE QUE QUISESSEM.

FELIZ COM A RESOLUÇÃO DO MISTÉRIO, NICO SE LEMBROU DAS PALAVRAS DO AVÔ, "NEM SEMPRE AS COISAS SÃO O QUE PARECEM SER".

– AINDA BEM! – PENSOU, ALIVIADO, ENQUANTO ATIRAVA UMA BOLINHA PARA TAPIOCA BUSCAR.

APÊNDICE

PÁGINA 15

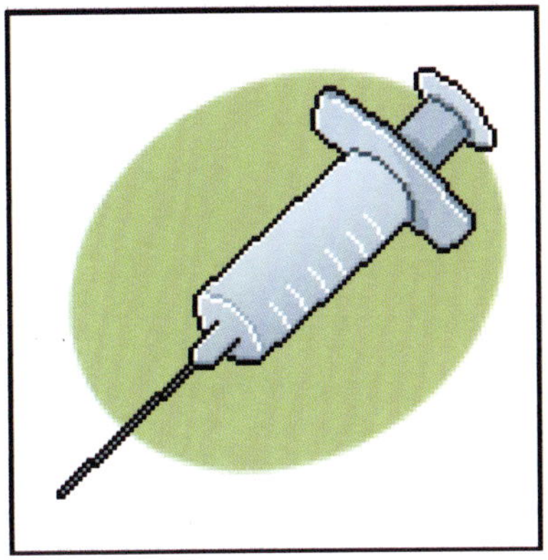

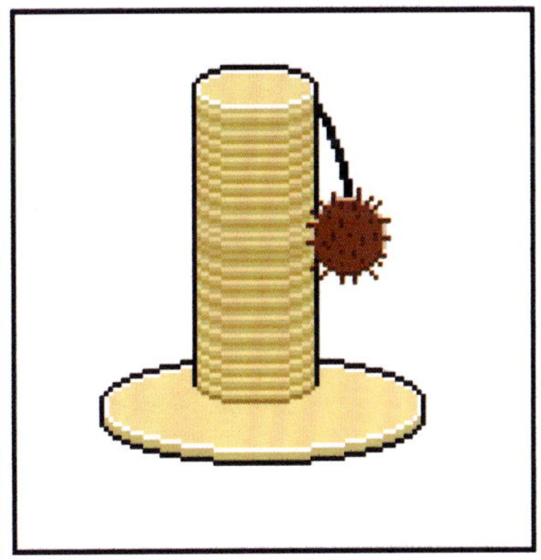

PÁGINAS 48 E 49

Praça ao lado

Praça Diamante

Restaurante

Sorveteria

Posto

Correios

RESPOSTAS

O MAPA ENCONTRA-SE ENCARTADO NO FINAL DO LIVRO.

PÁGINA 07

OS IRMÃOS NICO E LELÊ ENCONTRARAM UMA CADELINHA NA PRAÇA DIAMANTE.

PÁGINA 12

A CADELINHA TAPIOCA, DO INÍCIO DA HISTÓRIA, DESAPARECEU.
NA IMAGEM 1, TAPIOCA ESTÁ NA PRAÇA DIAMANTE COM OS POTINHOS DE ÁGUA E COMIDA. NA IMAGEM 2, TAPIOCA NÃO ESTÁ MAIS LÁ.

PÁGINA 15

NICO E LELÊ PODEM OFERECER OS SEGUINTES CUIDADOS: VACINAÇÃO, CARINHO, COMIDA, CUIDADOS DE UM MÉDICO VETERINÁRIO, BANHO, TOSA E OBJETOS PARA OS ANIMAIS BRINCAREM.

PÁGINA 17

ALÉM DO SUMIÇO DOS GATINHOS BOLACHA E BISCOITO, OS POTINHOS COM RAÇÃO E ÁGUA TAMBÉM SUMIRAM.

PÁGINA 21

O AVÔ AMADEU DISSE AOS NETOS: "VOCÊS DEVEM AJUDAR OS ANIMAIS".

PÁGINA 23

NICO E LELÊ PODEM INVESTIGAR NA PRAÇA DIAMANTE; NA PRAÇA AO LADO; NO RESTAURANTE; NA SORVETERIA; NO POSTO DE GASOLINA E NOS CORREIOS.

PÁGINA 27

PÁGINA 31

RESPOSTA PESSOAL. NO ENTANTO, SEPARAMOS ALGUNS TRAJETOS POSSÍVEIS PARA CHEGAR TANTA À CASA LARANJA COMO À CASA AZUL.

PARA CHEGAR À CASA LARANJA:

SAIA DA CASA DE NICO PELA AVENIDA CAMÉLIA, ATRAVESSE A ALAMEDA DAS MARGARIDAS, PASSE PELO SUPERMERCADO ATÉ CHEGAR À ESCOLA DE TITI. VIRE À DIREITA NA ALAMEDA DAS ROSAS, PASSE PELA PRAÇA AO LADO E VIRE À DIREITA NA RUA LÍRIO ATÉ A CASA LARANJA.

PARA CHEGAR À CASA AZUL:

SAIA DA CASA DE NICO PELA AVENIDA CAMÉLIA, ATRAVESSE A ALAMEDA DAS MARGARIDAS, PASSE PELO SUPERMERCADO ATÉ CHEGAR À ESCOLA DE TITI. VIRE À DIREITA NA ALAMEDA DAS ROSAS E ANDE UMA QUADRA E VIRE À DIREITA NA RUA FLORINDA. QUANDO CHEGAR NA PRAÇA DIAMANTE, VIRE À ESQUERDA NA ALAMEDA DAS MARGARIDAS E VIRE À DIREITA NA RUA JASMIM ATÉ A CASA AZUL.

PÁGINAS 34 E 35

PÁGINA 39

AS CRIANÇAS VIRAM O CARRO ROXO ESTACIONADO EM FRENTE À CASA ROXA.

PÁGINA 41

A CASA ROXA FICA EM FRENTE AOS CORREIOS. SAINDO DA CASA DE NICO NA ALAMEDA GIRASSOL, SUBA DUAS QUADRAS E PASSE EM FRENTE À ESCOLA DE NICO, LELÊ E ANDRÉ. VIRE À ESQUERDA NA RUA DAS VIOLETAS, ANDE MAIS DUAS QUADRAS E VOCÊ CHEGARÁ À CASA ROXA.

PÁGINAS 42 E 43

PÁGINA 45

TAPIOCA ESTÁ ESCONDIDA NUMA MOITA PRÓXIMA À PROPRIETÁRIA DA ONG PATA AMIGA. OS GATINHOS BISCOITO E BOLACHA ESTÃO BRINCANDO NO CHÃO BEM PRÓXIMOS DA PORTA DA ONG. BRIGADEIRO, O CACHORRO DA DONA MATILDA, ESTÁ CORRENDO ALEGRE E FELIZ EM DIREÇÃO A CARAMELO. CARAMELO ESTÁ SENTADO DEBAIXO DE UMA ÁRVORE COM UMA BOLINHA NA BOCA.

PÁGINA 46

DONA MATILDA MORA NUMA CASA SITUADA NA ALAMEDA DAS MARGARIDAS, NA MESMA QUADRA DA CASA DE NICO.

PÁGINAS 48 E 49

AS PESSOAS PODEM DOAR, POR EXEMPLO, TEMPO E DINHEIRO PARA UMA ONG DE ANIMAIS. ALÉM DISSO, É POSSÍVEL AJUDAR A DIVULGAR O LOCAL E AINDA SER VOLUNTÁRIO EM DIVERSAS ATIVIDADES. E, POR FIM, ADOTAR UM ANIMALZINHO QUE PRECISE DE UM LAR.

PÁGINA 51

OS ITENS QUE PODEM SER USADOS PARA CRIAR UM CARTAZ DE DIVULGAÇÃO DA ONG ENCONTRAM-SE NA

©Wellington Nemeth

REINALDO DOMINGOS NASCEU EM CASA BRANCA, INTERIOR DE SÃO PAULO. FILHO DE PAI FERROVIÁRIO E DE MÃE AUTÔNOMA, AOS 12 ANOS DE IDADE REALIZOU O PRIMEIRO DOS SEUS MUITOS SONHOS: COMPRAR UMA BICICLETA. ATUALMENTE, É PHD EM EDUCAÇÃO FINANCEIRA E MENTOR DE UMA METODOLOGIA COMPORTAMENTAL, A **METODOLOGIA DSOP**, QUE VIVENCIOU A PARTIR DOS SEUS 12 ANOS, SOBRE COMO ERA POSSÍVEL REALIZAR TODOS OS SONHOS – MATERIAIS OU NÃO MATERIAIS.

AUTOR DO *BEST-SELLER TERAPIA FINANCEIRA* E DE DIVERSOS OUTROS LIVROS, PUBLICOU AS SÉRIES *O MENINO E O DINHEIRO* E *O MENINO DO DINHEIRO*; E OS LIVROS *O MENINO DO DINHEIRO EM CORDEL; TER DINHEIRO NÃO TEM SEGREDO; ABCD DA EDUCAÇÃO FINANCEIRA, MESADA NÃO É SÓ DINHEIRO, SABEDORIA FINANCEIRA, PAPO EMPREENDEDOR* E A SÉRIE *DINHEIRO SEM SEGREDO*. É AUTOR, AINDA, DE DUAS COLEÇÕES DIDÁTICAS DE EDUCAÇÃO FINANCEIRA PARA O ENSINO BÁSICO; E TAMBÉM É AUTOR DO MAIS NOVO LANÇAMENTO DA EDITORA DSOP, A *COLEÇÃO DOS SONHOS PARA EDUCAÇÃO FINANCEIRA*, QUE FAZEM PARTE DOS PROGRAMAS "DESCOBRIR", "EXPLORAR", "EXPANDIR" E "CONSTRUIR", ADOTADAS POR DIVERSAS ESCOLAS PÚBLICAS E PRIVADAS.